Catherine de Lasa est née à Caen en 1956. Après des études de littérature, elle assouvit sa passion en écrivant des poèmes, des contes et des histoires pour enfants. Dans son travail comme dans sa vie, elle aime varier les genres. Actuellement, elle élève ses cinq enfants, écrit toujours et pratique occasionnellement le karaté ! Ses ouvrages sont publiés aux éditions Gallimard, Nathan, Fleurus et Bayard Jeunesse.

Du même auteur dans Bayard Poche :
En route, petit frère ! - La nuit des squelettes (J'aime lire)

Boiry est née en 1948 à Toulon. Elle habite aujourd'hui à Cherbourg avec son mari pédiatre, leurs trois enfants et une chatte, et consacre son temps à l'illustration de livres pour enfants.

Du même illustrateur dans Bayard Poche :
Mystère dans l'escalier (Mes premiers J'aime lire)
C'est la vie, Julie ! - Une nuit au grand magasin - C'est dur d'être un vampire - Gaby, mon copain - En route, petit frère ! - L'arbre et le roi - Les yeux de Salka - Perle la courageuse (J'aime lire)

Dimitri

Une histoire écrite par Catherine de Lasa
illustrée par Boiry

J'AIME LIRE
BAYARD POCHE

1
Danseurs des rues

Il fait froid dans les rues de Moscou. Le vieux Siméon joue de l'orgue de Barbarie. Ses petits-enfants, Dimitri et Olga, dansent autour de lui. Une dame lance une poignée de pièces par une fenêtre. Les enfants courent les ramasser.

Olga dit à son frère :

– Ne donne pas tout à Grand-Père, sinon il le dépensera à boire, et nous n'aurons plus rien à manger.

– Ne t'inquiète pas, répond Dimitri.

Dimitri va porter cinq pièces au grand-père, qui est à moitié aveugle. En sentant l'argent dans sa main, Siméon crache par terre :

– Seulement ça ! Ah, les rats ! On rentre, maintenant !

Mais bientôt le grand-père s'arrête :

– Attendez-moi là, les gosses !

Il pousse la porte d'une taverne et disparaît.

Les enfants attendent longtemps dans le froid.

Quand le vieux Siméon sort enfin, il tient à peine debout. Les enfants le soutiennent jusqu'à leur maison. Là, ils montent un escalier tout noir, et ils arrivent dans une grande pièce chauffée par un poêle. Deux familles, un autre vieillard et une femme avec son bébé y sont déjà installés.

Dimitri et Olga vont dans leur coin à eux. Ils couchent leur grand-père comme ils peuvent, puis ils vont voir Aglaé, la propriétaire, qui prépare une soupe dans une marmite.

Dimitri lui tend ses pièces :

– Aglaé, nous avons assez pour un bol chacun.

– Oui, répond Aglaé, mais vous devez encore payer le loyer, ce mois-ci.

Olga et Dimitri mangent leur soupe sans répondre. À côté d'eux, le bébé pleure dans son berceau. Olga le berce doucement jusqu'à ce qu'il s'endorme.

– Tu es gentille avec mon petit Igor, dit Marie, la mère du bébé. Tiens, voilà un morceau de pain pour toi !

– Merci, répond Olga en partageant le pain avec son frère.

Les enfants vont se coucher ; mais, cette nuit-là, ils n'arrivent pas à dormir. À côté d'eux, le vieux Siméon gémit sans arrêt.

Le lendemain matin, Aglaé vient lui toucher le front, puis elle déclare :

– Il n'est pas bien du tout. Je vais appeler un fiacre* pour l'emmener à l'hôpital.

* Voiture à cheval.

Deux hommes de la chambrée l'aident à porter le grand-père. Les enfants restent là, serrés l'un contre l'autre.

Marie, la mère du bébé, s'approche d'eux :
– Olga, si tu prends bien soin de mon petit Igor aujourd'hui, pendant que je vais travailler, je te rapporterai à manger, ce soir.
Olga est toute contente :
– Tu vas voir comme je vais le soigner !

Pendant que le bébé dort, Dimitri se met à sculpter une tête dans un bout de bois. Ça ressemble à Aglaé.

– Tiens, dit-il, ça pourrait faire une marionnette !

Olga attache des chiffons sous la tête de la marionnette, puis elle agite celle-ci en imitant la voix d'Aglaé :

– Vous devez encore payer le loyer, ce mois-ci !

Dimitri reprend vite la marionnette et la fourre dans sa poche, car Aglaé vient de rentrer. Elle qui a toujours l'air si décidé marche doucement, cette fois. Elle s'approche des enfants et reste là, muette. Puis elle dit d'une voix changée :

– Mes enfants, votre grand-père est mort. Vous êtes seuls au monde, maintenant...

2
La grande maison

Il y a un grand silence, tout d'un coup. Puis Olga se met à pleurer. Dimitri, lui, n'arrive même pas à pleurer. Ses idées se brouillent : qu'est-ce qui se passe quand on est seul au monde et qu'on n'a que neuf ans ?

Aglaé retrouve déjà sa voix nette habituelle :

– Pour Olga, c'est à peu près réglé. Marie la prend pour garder son bébé. Toi, Dimitri, je t'ai trouvé une place, grâce à ma sœur Sophie, qui est cuisinière.

Dimitri se demande ce qu'est cette place. Il préférerait continuer à jouer avec Olga dans la grande pièce qu'il connaît bien.

Mais déjà Aglaé lui lave la figure à l'eau froide. Puis elle l'entraîne dehors. Il n'a même pas le temps d'embrasser Olga !

Aglaé et Dimitri traversent de belles avenues. Maintenant, ils montent un grand escalier. Aglaé sonne. Une grosse dame avec un tablier blanc vient ouvrir.

Aglaé lui remet Dimitri comme un paquet :
– Sophie, voilà Dimitri. Apprends-lui le métier !
Bon, au revoir ! Je n'ai pas que ça à faire !

Sophie emmène Dimitri dans une pièce où il doit se tremper entièrement dans un baquet rempli d'eau et se savonner. Puis il doit mettre un habit vert qui le serre trop.

Discrètement, il reprend la marionnette dans sa vieille veste et il la glisse dans la poche de son habit, comme un souvenir. Sophie ne s'est aperçue de rien. Elle le regarde d'un air satisfait :

– Ah ! tu as l'air d'un laquais de grande maison, à présent !

Dans la tête de Dimitri, une voix crie : « Je ne veux pas être un laquais de grande maison. »

Pourtant, il suit Sophie, qui lui fait visiter de grandes pièces froides. Elle explique :

– Tous les matins, tu allumeras les feux dans les poêles. Ensuite, avec ce chiffon, tu essuieras les meubles et les objets. Fais attention à ne rien casser ! Cette petite statue-là, par exemple, elle vaut au moins cinquante roubles* !

Dimitri a le souffle coupé : cinquante roubles pour un petit objet qui ne sert à rien ! Et il se met à calculer : cinquante roubles, ça fait un manteau et des chaussures pour Olga, et puis de la viande chaque jour pendant un mois...

* Monnaie russe.

Sophie le pousse du coude :

– Voilà Monsieur et Madame ! Salue-les bien bas, comme moi !

Machinalement, Dimitri se baisse comme Sophie. Quand il relève la tête, il est mort de peur : un monsieur et une dame avec des vête-ments magnifiques le regardent sévèrement.

La dame annonce :

– Ici, tu auras tes vêtements et ta nourriture, c'est tout. Si nous sommes contents de toi, nous te donnerons un rouble à Noël.

Ouf ! les maîtres, monsieur et madame Gourief, sont sortis. Dimitri se met au travail.

En même temps, il essaie de compter : « Si la petite statue coûte cinquante roubles, combien coûte le grand miroir ?... Peut-être mille roubles ? Et moi, si je travaille toute ma vie ici, je n'en gagnerai même pas la moitié... »

L'après-midi, Sophie lui explique un travail encore plus étrange :

– Tu vas rester debout dans l'antichambre*. Quand un visiteur sonnera, tu ouvriras la porte et tu lui enlèveras son manteau. Puis tu l'accompagneras au salon.

* C'est la pièce où l'on fait attendre les visiteurs.

3
Le marchand de jouets

Sophie a laissé Dimitri dans la pièce à peine éclairée. Là, tout seul, il pense à son ancienne vie. C'est vrai qu'il avait froid, qu'il ne mangeait pas toujours à sa faim… mais au moins il pouvait jouer, danser, aller où il voulait.

« Tiens, si je dansais ici ? » se dit-il.

Il commence quelques pas, puis il se met à sauter, de plus en plus haut…

Monsieur Gourief surgit, furieux :

– Tu vas te tenir tranquille, oui ?

Dimitri se fige comme une statue. Maintenant, son cœur aussi est en prison.

Une heure passe. Dimitri a l'impression qu'il va mourir d'ennui et de tristesse. Il tremble de froid, même si le poêle est allumé. Pour se réchauffer, il met la main dans sa poche... et il sent quelque chose de dur. Ah oui ! la marionnette ! Dimitri la sort et il se raconte une histoire, comme avec Olga, là-bas dans la grande chambrée...

– Dis donc, c'est toi qui as fait ça ?

Dimitri sursaute : c'est sûr, il va encore se faire gronder ! Mais non, un homme souriant le regarde. C'est un petit monsieur moustachu, chargé de grosses boîtes en carton.

L'homme observe la marionnette de tous les côtés, et il répète :

– Très bien, très très bien !

Puis il continue :

– Je suis Stepan Kalinski, le marchand de jouets de la rue des Potiers. Je viens livrer des jouets pour Alexis, le fils de la maison.

Dimitri demande :

– Ah bon, les Gourief ont un garçon ?

– Oui, répond le marchand, il est en pension en ce moment, mais il reviendra à Noël.

Et il ajoute :

– Si tu as d'autres marionnettes comme ça, apporte-les-moi au magasin !

Il dépose ses cartons dans l'antichambre et il s'en va.

Dimitri pense longtemps à cette étonnante rencontre.

Puis il va chercher une petite bûche dans le coffre à bois et il se met à sculpter une autre marionnette.

4
Une idée folle

Le soir, Dimitri dîne à la cuisine ; puis Sophie lui montre où il va dormir. C'est une minuscule chambre sans fenêtre. Très vite, Dimitri glisse dans le sommeil.

– Hé, toi ! Debout !

Dimitri se frotte les yeux, tout engourdi. Monsieur Gourief est devant lui. Il lui jette une pièce et crie :

– Descends m'acheter un paquet de tabac !

Dimitri bafouille :

– Euh, je suis fatigué...

Monsieur Gourief hurle :

– Du tabac, je t'ai dit !

Et il repart en claquant la porte.

Dimitri se lève, ahuri. Il s'habille à tâtons et se dirige vers la porte. En passant, il jette un coup d'œil dans la cuisine : une corbeille de petits pâtés est posée sur la table.

Soudain, il a une idée complètement folle. Il attrape la corbeille !

Puis il fonce dans le couloir à toute vitesse, il ouvre la porte et... il se heurte à Sophie, qui revient de la cave avec un panier de bouteilles. Sophie le prend par le bras :

– Hé, où t'en vas-tu comme ça ?

Dimitri se tortille pour se libérer, mais Sophie le tient solidement. Elle hurle :

– Sale petit voyou ! Tu voles la nourriture ? Attends un peu que j'appelle la police !

Dimitri se débat, fou de terreur. Patatras ! Le panier de bouteilles s'échappe des mains de Sophie. Dans un fracas de verre cassé, le vin se répand sur le sol.

Sophie pousse des cris :

– Ah, mon Dieu ! Qu'est-ce qu'ils vont dire, les patrons ? Et mon tablier qui est fichu !

Profitant de la surprise de Sophie, Dimitri s'est dégagé. Maintenant, il dévale l'escalier, il court dans la rue.

– Au voleur ! crie Sophie par la fenêtre.

Un sergent de ville* est là, il se met à courir lui aussi. Mais Dimitri connaît la ville mieux que personne, il prend une ruelle étroite, encore une autre... Tout au bout, il y a une espèce de niche, comme un trou dans le mur, où il se réfugiait avec Olga quand il neigeait trop. Dimitri se blottit là, comme une petite bête effrayée, et il attend longtemps.

* Un policier.

Quand il est sûr qu'il n'y a plus de danger, il sort de sa cachette et il reprend sa route. Il se force à marcher lentement, pour que personne ne le remarque. Il ne lâche pas sa corbeille de petits pâtés.

5
« Voleur et paresseux ! »

Dimitri arrive enfin devant sa maison à lui. Le cœur battant, il monte l'escalier. Ça y est, il retrouve Olga ! Les deux enfants s'embrassent de tout leur cœur. Puis Dimitri ouvre sa corbeille :

– Regarde ce qu'on m'a donné ! ment-il. Il y en a pour tout le monde !

Tous les habitants de la chambrée mangent les petits pâtés avec délice :

– Dis donc, tu manges tous les jours comme ça, toi ? Tu en as de la chance !

– Et comme tu es bien habillé !

Dimitri se tait. Il sent qu'il n'arrivera pas à parler de la maison des Gourief, si grande, si froide, même s'il y a un poêle allumé dans toutes les pièces. Il se trouve tellement mieux là, au milieu des gens qu'il connaît !

Soudain Aglaé se dresse devant lui :

– Ce n'est pas possible qu'on t'ait donné ces pâtés. Tu les as volés, j'en suis sûre ! Tu vas me faire le plaisir de retourner avec moi chez les Gourief, et de leur demander pardon.

Dimitri sent la colère qui monte en lui : demander pardon à des gens qui le traitent comme un esclave ? Jamais !

– Non ! répond-il d'une voix sourde.

– Mais te rends-tu compte que ma sœur risque d'être renvoyée s'il manque quelque chose pour le repas des Gourief ?

Dimitri explose :

– Il ne manque jamais rien aux repas des Gourief ! Rien qu'au déjeuner, ils en ont laissé assez pour nourrir tout le monde ici !

Aglaé ne trouve rien à répondre. Elle marche à grands pas dans la chambrée, puis elle s'écrie :

– Moi, je ne garderai pas ici un paresseux et un voleur ! Alors, soit tu gagnes ta vie, soit je te mets dehors !

Puis elle sort en claquant la porte.

Dimitri ne répond rien. Il va se coucher comme avant, à sa place habituelle.

– Moi, je ne t'abandonnerai pas, lui murmure Olga. Je partagerai avec toi ce que Marie me donne pour la garde de son bébé.

Dimitri soupire. Il regarde sa petite sœur, si maigre dans sa robe trouée, et il murmure :

– Non, tu ne me donneras rien. C'est moi qui t'aiderai, au contraire !

6
Courage, Dimitri !

Le lendemain, très tôt, tout le monde part travailler. Dimitri se lève comme les autres, en laissant Olga dormir à côté du bébé, et il se retrouve dans la rue glacée. Il marche au hasard. Il se dit : « Je pourrais danser comme avant, mais, s'il n'y a pas de musique, les gens ne s'arrêteront pas... »

Une rafale de vent le fait frissonner. Il met les mains dans ses poches pour se réchauffer. Les marionnettes sont toujours là. Dimitri les sort toutes les deux et murmure :

– Et vous deux, qu'est-ce que vous pouvez faire pour m'aider ?

Un éclair jaillit dans la tête de Dimitri. Il revoit l'homme souriant, et il entend la voix chaude qui lui disait : « Si tu as d'autres marionnettes comme ça, apporte-les-moi au magasin ! »

Mais comment s'appelait-il donc, ce marchand ? Ivan ? Jan ? Stepan Kalinski, rue des Potiers ! Le nom lui est revenu tout d'un coup.

Maintenant, il faut trouver la rue des Potiers. Mais à qui demander ? Au sergent de ville qui monte la garde, là, tout près ? Dimitri n'a jamais aimé les sergents de ville, qui le chassaient quelquefois des belles avenues quand il mendiait avec son grand-père. Et puis, on va peut-être le reconnaître, lui, le voleur de pâtés, et on va l'emmener en prison...

Debout dans la rue déserte, Dimitri hésite. Devant lui, une jolie petite fille traverse la rue en donnant la main à sa mère. Elle a le teint rose, des bottes fourrées et un manteau élégant.

Et, soudain, Dimitri pense à sa petite sœur, qui est obligée, à huit ans, de surveiller un bébé toute la journée en ne gagnant qu'une croûte de pain comme salaire. Et il se sent secoué de révolte : Olga, elle aussi, a le droit d'avoir bonne mine et d'être bien vêtue ! Pour elle, il aura même le courage de parler à un sergent de ville !

Il s'approche de l'homme en uniforme et lui demande d'une voix timide :

– Pardon, Monsieur, pouvez-vous me dire où est la rue des Potiers ?

Le sergent de ville se met à rire :

– Mais ne tremble pas comme ça, mon garçon ! Je ne vais pas te manger ! Tu vois le clocher, là-bas ? C'est l'église Saint-Serge. Tu marches dans cette direction, la rue des Potiers part de la place de l'église, à droite.

Dans la rue des Potiers, Dimitri voit tout de suite la boutique de jouets. La vitrine scintille, remplie de magnifiques poupées et de jolis trains de bois. À l'intérieur, des dames élégantes se font montrer de petits services à thé en porcelaine.

Dimitri s'arrête. Il se dit : « Non, je n'aurai jamais le courage de montrer mes marionnettes. C'est sûr, tout le monde va se moquer de moi. Et puis, le marchand m'a sûrement oublié. »

Pourtant, dans son cœur une petite voix lui souffle : « Vas-y ! Tu n'as rien à perdre ! » Mais il reste là, sans oser partir ni pousser la porte de la boutique.

Le marchand raccompagne ses clientes et, tout de suite, il reconnaît Dimitri :

– Ah, te voilà, toi ! Entre donc ! Qu'est-ce que tu m'apportes de beau ?

Timidement, Dimitri pose les marionnettes sur le comptoir et demande :

– Vous me les achèteriez combien ?

Le marchand examine longtemps les marion- nettes, puis il propose :

– Cinq kopecks chacune ! Mais j'en veux d'autres : plein de personnages, des popes*, des rois, des servantes. Attends, je crois qu'il me reste quelques bouts de tissu pour les habiller.

Le marchand va chercher un ballot de chif- fons, et il le met dans les bras de Dimitri.

– Allez, travaille bien !

* Prêtres de l'Église orthodoxe.

7
« Ne t'inquiète plus, sœurette ! »

Dimitri revient lentement à la maison. En chemin, il regarde les passants. Il essaie de retenir la forme d'un nez, d'un menton, une coiffure… Et il rêve déjà à des dizaines de marionnettes qui rient ou qui pleurent.

En rentrant, il dépose tous les bouts de tissu devant Olga et chuchote :

– Ne t'inquiète plus, sœurette ! Pour vivre, je vais fabriquer des marionnettes. J'ai trouvé un marchand qui me les achète cinq kopecks chacune !

Olga lui prend les mains. Tout son visage rayonne comme un soleil.

De loin, Aglaé a observé la scène. Elle vient se planter à côté de Dimitri :

— Il faut quand même que je te dise une chose : Sophie est venue se plaindre ici. Tu as abîmé son tablier, tu as cassé deux bonnes bouteilles. Elle a dû se changer à toute vitesse, redescendre chercher du vin et, ensuite, elle est allée chercher du tabac à ta place.

Aglaé ajoute d'une voix moins sévère :

– Je lui ai dit que tu étais encore très choqué par la mort de ton grand-père, ce qui expliquait ta mauvaise conduite. Elle a bien voulu te pardonner. Mais ne recommence pas à voler, hein !

Dimitri secoue la tête :

– Non. Maintenant, moi, j'ai un métier !

Achevé d'imprimer en janvier 2007 par Oberthur Graphique
35000 RENNES – N° Impression : 7454
Imprimé en France
ISBN 978-2-7470-2209-5